AF482388

Días de 2

Operación Ratón de Biblioteca

Aida Álvarez

Para Nerea y Nico, que me robaron unos cuantos libros... y también el corazón.

CAPÍTULOS

1. EN COMISARÍA

Nerea y Nico esperaban impacientes que regresara el inspector de policía.

Les había pedido que se pusieran cómodos en su despacho mientras él se acercaba al almacén de pruebas, pero era imposible sentarse a gusto en aquellas sillas.

-Está dura como una piedra -se quejó Nico removiéndose en su asiento.

-Las usarán para poner nerviosos a los delincuentes y hacer que confiesen -supuso Nerea, que tampoco encontraba una postura confortable.

-¿Crees que sospecha de nosotros y por eso nos ha sentado aquí? -preguntó asustado poniéndose en pie de manera instintiva.

A Nerea no se le había pasado por la cabeza aquella posibilidad, pero cuando la escuchó de boca de Nico empezó a tener mucho sentido.

Después de todo, estaban allí porque su nombre aparecía en la investigación de un robo de libros. Concretamente, en una nota que la policía halló en el lugar del delito y en la que alguien había escrito "NEREA Y NICO TIENEN LA SOLUCIÓN".

Ellos habían acudido a comisaría tan emocionados por formar parte de un caso que ni se habían planteado que aquel trozo de papel los hubiera convertido en los principales sospechosos.

-¿Nos fugamos? -propuso Nerea dejándose llevar por los nervios.

-¿Estás de broma? ¡Eso nos haría parecer culpables!

"Es que ya parecemos culpables", pensó angustiada dándole vueltas a la nota.

En ese preciso instante el inspector entró en el despacho y cerró la puerta tras de sí con un portazo.

Los niños tragaron saliva.

-Bueno, empecemos por el principio. -El policía carraspeó y dejó sobre la mesa tres bolsas de pruebas debidamente precintadas y etiquetadas.

-Solo por curiosidad... -lo interrumpió Nico-. ¿Qué harán con los delincuentes?

-Caerá sobre ellos todo el peso de la ley -aseguró con semblante muy serio el inspector.

-¿Y cuánto pesa esa señora? -trató de hacerse una idea del golpe.

El agente de policía soltó una carcajada tan estruendosa que retumbó por toda la comisaría y Nico se volvió a sentar en la silla para tener donde agarrarse.

-Vosotros no debéis preocuparos por eso. ¿O sí...? -Entrecerró los ojos a la vez que subía la persiana de la ventana del despacho.

Un torrente de luz inundó la habitación y deslumbró a los chicos. "Tendréis una coartada, ¿no?", escuchó Nerea entre los cegadores rayos del sol.

—¡Nunca he robado nada! ¡Confesaré dónde escondo todas las monedas que me encuentro, pero apague esa luz, por favor! —suplicó tapándose los ojos.

El inspector, sorprendido por la reacción de la niña, bajó de golpe la persiana.

-He preguntado si tomáis desnatada... para ofreceros un vaso de leche... -dijo mirándola fijamente.

-¿Con galletas? -quiso saber Nico.

-Me temo que no... -se disculpó el agente.

-Entonces, paso. Gracias -rechazó la oferta un decepcionado Nico-. Oye, ¡nunca me habías hablado de ese escondite! -le susurró a su amiga con cierto tono de reproche.

El escondite estaba justo donde deseaba estar Nerea en ese preciso instante: bien lejos de allí.

-No estáis aquí como sospechosos -los tranquilizó el inspector-. Estáis aquí porque encontramos una nota en el lugar del robo que me hizo pensar que podíais ayudarme a resolverlo. Creí que eso lo teníais claro.

-¡Elemental, querido Juancho! -exclamó Nico como si nunca jamás hubiese tenido ninguna duda al respecto.

Nerea, un poco avergonzada por haber perdido la compostura, trató de pasar página.

-¿Y cómo podemos ayudar?

-Os voy a poner al día con el caso y...

-¿Qué nombre en clave le han dado a la operación policial? -lo interrumpió Nico metido ya completamente en su papel de colaborador.

El inspector se quedó callado unos segundos sin saber qué contestar.

-Lo de los libros -dijo, al fin, encogiéndose de hombros.

Aquella respuesta estaba lejos de satisfacer las expectativas de Nico.

-Necesitamos algo más pegadizo.

-¿Necesitamos? -El agente no daba crédito al desparpajo de aquel chico.

-Mmm... ¡Operación El Robo del Libro! -sugirió entusiasmado.

-No han robado un libro, sino muchos -lo corrigió Nerea.

-¿Operación Robo de Libros? -probó Nico en voz alta-. ¡Qué va! No suena igual. Pierde efecto.

-¿Qué hacen para elegir el nombre de un operativo policial? -le preguntó Nerea al inspector.

-Se utilizan términos relacionados con la investigación, pero sin dar pistas sobre la información que está en nuestro poder. Usamos nombres en clave para evitar posibles filtraciones.

-¡Aurora Boreal! No, espera... ¡Tormenta de Arena! -propuso Nico dejando volar su imaginación.

-¿Y eso qué tiene que ver con los libros? -se rio de sus ocurrencias Nerea.

-Pues di tú un nombre para el ladrón de libros, listilla -la retó, un poco molesto porque no valorara su creatividad.

-Ratón de Biblioteca -pensó en voz alta su amiga.

-¡Bravo! ¡Has dado en el clavo! -la felicitó el policía por su instinto.

-¿Los libros se los ha llevado un ratón? -le extrañó a Nico.

-No. Los libros han desaparecido de la biblioteca pública -les reveló el inspector.

-Pues no se hable más -dio su aprobación Nico-. Operación Ratón de Biblioteca.

2. OPERACIÓN RATÓN DE BIBLIOTECA

-La operación Ratón de Biblioteca comienza con vuestra llegada a esta comisaría.

-¡Hala! ¡Qué bonito! -le agradeció Nico.

-No hablo de hoy -aclaró el inspector-. Me refiero a la primera vez que vinisteis.

Los chicos recordaron con nostalgia aquel día y la aventura que los llevó allí como voluntarios de la protectora de animales.

-¿Los ladrones no descansan ni en domingo? -Nerea arrugó la nariz.

-En realidad, creemos que el robo fue el sábado, después de que cerraran la biblioteca municipal al público. El domingo un trabajador denunció la desaparición.

-¿Los bibliotecarios tampoco descansan en domingo? -se sorprendió Nico.

-Los bibliotecarios sí. El personal de limpieza no -puntualizó el agente-. El empleado que trabajaba ese fin de semana se extrañó de que hubiera una estantería completamente vacía y, ante el miedo de que le atribuyeran a él alguna responsabilidad, optó por ponerlo en conocimiento de la policía.

-Para dejar limpia su conciencia -se rio con ganas Nico.

-No quería ninguna mancha en su expediente -le siguió el juego entre risas Nerea.

El inspector los miró con el semblante serio y los brazos en jarras.

-Perdón... -musitaron los niños al unísono.

-En su declaración hizo constar que no

observó nada raro al entrar en la biblioteca -continuó informando-. Durante el tiempo que estuvo en el edificio no llamó su atención ningún ruido ni desorden que le hiciera pensar que allí había pasado algo. Hasta que llegó el momento de limpiar en la sección de literatura infantil y juvenil y descubrió la estantería vacía. Entonces nos llamó a nosotros. Un FAPACA de manual.

-¿Una vaca de qué...? -se lio Nico.

-Vaca no. Paca -creyó haber escuchado Nerea-. Será la agente que le tomó declaración, ¿no?

-FAPACA -repitió el inspector-. Es el nombre que le damos extraoficialmente a los casos que se resuelven de forma rápida y sencilla. FÁCIL Y PARA CASA.

-¡Cómo mola tener códigos secretos! -exclamó Nico sintiéndose un policía más.

-Por eso pedí que me asignaran este asunto, porque creí que lo cerraría el mismo domingo. Me iba de vacaciones al día siguiente y no quería dejar nada pendiente. Pero no salió como esperaba.

-Resultó un caso PACAFA -comentó Nico.

Nerea y el inspector lo miraron con curiosidad.

-PARA CASA CON FAENA.

A Nerea se le escapó una risilla. Al

inspector, aunque los niños no se dieron cuenta, también.

-Lo fue. A pesar de que estuve trabajando hasta altas horas de la madrugada, no pude solucionar el caso antes de coger mi vuelo.

-¡Puf! ¡Habrán llegado a China! -saltó Nico.

-No. Fuimos a Colombia -contestó el policía.

-Me refiero a los libros. Después de tanto tiempo estarán en cualquier mercado clandestino oriental.

-¿Cuántos mercados clandestinos de libros

de biblioteca has visto tú? -le preguntó con ironía el agente.

-Ninguno. Por eso son clandestinos -dijo Nico como si fuera obvio.

-¿Y nadie le sustituyó al frente de la investigación mientras usted estaba fuera? -le resultó increíble a Nerea.

-Eso solo está previsto para casos muy urgentes. -Se encogió de hombros con resignación-. Falta personal.

Nico se dio la vuelta buscando al árbitro.

-Pero hice concienzudamente mi trabajo

antes de irme -se justificó-. Aquel domingo, cuando me despedí de vosotros, me dirigí a la biblioteca para esclarecer los hechos del día de autos.

-No recuerdo ninguna concentración de coches -murmuró Nerea tratando de hacer memoria.

-Todo estaba en orden, tal como había manifestado el denunciante. Ningún signo de violencia ni daños materiales.

-¿Las cámaras de la entrada no grabaron a ningún sospechoso? -se le ocurrió a Nico.

-No hay cámaras. -El agente negó con la cabeza-. Ni en la biblioteca ni en sus alrededores. Y solo encontramos tres pistas en el lugar de los hechos. La primera, un montón de pañuelos usados -dijo levantando una de las bolsas precintadas y etiquetadas que había dejado en su mesa al entrar en el despacho.

-¿Se sabe de quién? -lo interrumpió Nerea.

-De un mocoso -resolvió su duda con mucha guasa Nico.

-Por ahora son mocos no identificados -contestó el inspector-. La segunda evidencia que recogimos es un chicle de fresa ácida usado.

A Nerea le dio un escalofrío imaginando cómo habría averiguado con tanto detalle el sabor del chicle.

    -Y la última prueba es la nota por la que fui a buscaros cuando me reincorporé tras mis vacaciones. "NEREA Y NICO TIENEN LA SOLUCIÓN" -volvió a leer a través del plástico de la bolsa que permitía manipularla sin contaminarla.

-¿Dónde estaba? -sintió curiosidad Nico.

-En el suelo. Pudo caer desde cualquier sitio -chasqueó la lengua el agente en un gesto de fastidio.

-Pero la nota puede referirse a otros que se llamen así -planteó la niña.

-Sí, es posible. Aunque poco probable, porque vuestros nombres también forman parte de una de las listas que confeccionamos tras acceder al sistema informático de la biblioteca. Y ahí salís con nombre y apellidos.

-¿Listas de sospechosos? -quiso aclarar Nico, que volvía a sentir la silla muy incómoda de repente.

-Si seguís insistiendo, quizá sí -bromeó el policía-. Aparecéis en el listado de personas que usaron su carnet de biblioteca el sábado del robo. Tenemos otro con los nombres de los trabajadores de la biblioteca y otro con los títulos de los libros desaparecidos. Tres listas.

-¡Qué listo! -mostró su admiración Nico por lo bien que había planteado el caso.

-Son actuaciones rutinarias -le quitó importancia-. Así que no tenéis ni la más remota idea de por qué escribieron esta nota, ¿no?

Los chicos negaron con la cabeza un poco desilusionados por no poder aportar nada a la investigación.

-Entonces, habrá que encontrar a la persona que la escribió -concluyó el policía.

-Yo compararía la forma de escribir del autor de la nota con la de los delincuentes peligrosos que tengan ustedes por aquí. Una prueba de esas…, ¿cómo se dice? -Nico no encontraba la palabra-. ¡Cacagráfica!

-*Caligráfica* -le chivó Nerea por lo bajini al ver al agente aguantarse la risa.

-Eso, capigráfica -rectificó Nico sin mucho éxito.

-Muchas películas has visto tú... ¡Y pocos delincuentes! -dijo el inspector revolviéndole cariñosamente el pelo.

-No es mala idea -lo defendió su amiga-. Puede obligar a escribir la misma nota a las personas que vaya interrogando y comparar las caligrafías.

-En vez de una rueda de reconocimiento, sería una rueda de... ¡escribimiento! -volvió a titubear Nico.

El policía se acarició la barbilla con aire pensativo.

-Me habéis convencido -afirmó-. Solo iba a interrogaros como testigos, pero creo que, además, voy a contrataros como ayudantes.

-Elemental, querido Pancho -sonrió Nico triunfante.

3. ¿A DÓNDE LLEVAN LOS TÍTULOS?

-¿Qué recuerdo de aquel sábado en la biblioteca? -repitió Nerea la pregunta del inspector-. Nada. No estuvimos en la biblioteca.

-Es verdad -confirmó sus palabras Nico-. Fue el sábado del mercadillo solidario de la protectora de animales.

-¿Y cómo es posible que vuestros nombres aparezcan en los registros de ese día? -Repasó el expediente bastante contrariado.

-Yo más de una vez he cogido el carnet de mi padre por error y me han dejado llevarme los libros sin problema -recordó Nico-. Soy muy despistado. Y ya se imagina usted a quién he salido.

-¿Tú también eres muy despistada? -preguntó a Nerea viendo con resignación como se desmoronaba su teoría de la nota.

-No tanto -sonrió la niña-. Pero sí que sospecho que mis padres utilizaron mi carnet. En mi casa, cuando uno de los tres quiere sacar más libros de los permitidos por persona, nos llevamos dos carnets. Incluso alguna vez, los tres.

-Entonces, se podría decir que sois unos ratones de biblioteca en toda regla, ¿me equivoco? -comentó el agente con un tono inquietante.

-Siempre que habla usted parece que está acusando a alguien -se quejó Nico.

-¿Lo hago?

-¡¿Lo ve!? -El muchacho levantó los brazos en señal de protesta.

-Es parte de mi trabajo, supongo -se disculpó el inspector tachando sus nombres de la lista-. Tal vez la nota no se refiere a vosotros después de todo. En fin, dos testigos menos.

-Pero dos ayudantes más. -Nico le guiñó un ojo.

-¡Pues a trabajar! -decidió el jefe descolgando el teléfono-. Martínez, empieza con las citaciones como estaba previsto -ordenó a través del auricular.

El siguiente paso de la investigación sería tomar declaración a los empleados. Mientras esperaban a que se personaran en la comisaría, el director de la operación propuso a sus jóvenes colaboradores echar un vistazo a la relación de libros desaparecidos.

-¿A dónde llevan los títulos? -les planteó.

-¡Al éxito! -se vino arriba Nico aún con la resaca del torneo de baloncesto.

-¡Al motivo del robo! -A Nerea se le iluminó la cara recordando a la seño Isabel.

-Efectivamente. -El inspector le dio una palmadita en la espalda-. Por ahora lo único que sabemos es que tuvo lugar en algún momento entre el sábado al mediodía, cuando cerraron la biblioteca, y el domingo por la mañana, cuando denunciaron la desaparición. Si descubrimos un patrón común entre esos libros, nos acercaremos más al culpable.

El agente sacó de la carpeta del expediente policial varios folios escritos por ambas caras, se aclaró la voz y empezó a leer.

-Tres camisas de lino, dos pantalones cortos, calzado cómodo, dinero, pasaporte... ¡Uy, perdón! Con las prisas debí de mezclar mi listado de cosas para meter en la maleta con los papeles del caso -se excusó poniéndose colorado como la bandera de China.

-Pues bien podría ser la maleta de un fugitivo en toda regla, ¿me equivoco? -le devolvió la indirecta Nerea con retintín.

-Bien visto -no tuvo más remedio que reconocer el policía-. Esta sí es la lista. -Se la mostró separando el resto de los documentos.

-¡Vaya colección de libros! -resopló Nico.

-Varias colecciones, a decir verdad. Aquí tenemos, por ejemplo, la colección *Asesinato insensato* volúmenes 1, 3, 5, 9 y 11... -comenzó a leer-. También están los libros 7 y 9 de la colección *Bailarinas entre bambalinas*, los números 1, 5 y 13 de *Bailarines en calcetines*...

-¡El ladrón tiene obsesión por los números impares! -se le ocurrió a Nico.

-Veamos -sopesó el agente echando un vistazo al resto del listado-. No, no puede ser porque también faltan volúmenes pares de otras colecciones. Mira, *El fantasma de la pasma*, 1, 2, 4 y 5. Y hay más, el número 4 y el 10 de *Que te pires, detective*, la serie completa de *Piratas entre ratas*...

Nico chasqueó los dedos con rabia. Le hubiera gustado que su pista hubiera tenido un poco más de recorrido.

-Además, hay muchos títulos que no forman parte de ninguna colección: *La bruja que entró en una burbuja, El conejo que salió del espejo, Investigadora sucesora, El misterio del imperio...*

-No siga leyendo. Está clarinete como un cacahuete -encontró la conexión Nico.

El policía lo miró intentando descifrar por dónde clareaba exactamente un cacahuete.

-Todos los títulos que ha leído riman -le tradujo Nerea para alivio del agente.

-Perseguimos a un poeta -resumió su amigo.

-Tampoco puede ser. -Movió la cabeza de un lado a otro en señal de negación-. Aquí hay un montón que no riman: *El Club de los Líos, El Club de los Muertos, El Club de los Sueños, El Club de las Zanahorias Asesinas...*

-¿En serio? ¿Zanahorias Asesinas? -se rio Nerea.

-Sí, hija, sí. Parece que ya nos van a dar trabajo hasta las frutas y las verduras.

-A lo mejor maduran -trató de consolarlo la niña.

-¿Y si han expulsado al ladrón de algún club y está buscando uno nuevo al que apuntarse? -seguía centrado en la causa del robo Nico.

-Para eso podía coger los libros en préstamo, no necesitaba robarlos -observó Nerea.

-Salvo que quisiera fundar el Club de los Libros Desaparecidos -puntualizó él.

-Desde luego, imaginación tenéis un rato -los alabó el inspector.

-¿No le convence ninguna de nuestras teorías? -se volvió a decepcionar Nico.

-Demasiado enrevesadas -opinó-. La mayoría de las veces el móvil del delito es algo mucho más sencillo, como el dinero.

-¿Cuánto pueden pagar por esos libros en los mercados clandestinos orientales? -insistió Nico.

-Eres muy tozudo. ¡Me gusta! Llegarás lejos -comentó antes de revisar el resto de los títulos-. Ya descarté en su día que el vínculo entre los ejemplares robados fueran los autores porque son muchos y de diferentes épocas y nacionalidades.

-¿Y la edad recomendada de lectura? -propuso Nerea.

-Tampoco. Todos son de la sección de literatura infantil y juvenil, pero había más estanterías con libros de la misma franja de edad que el ladrón no tocó -informó.

-¿Y si lo que los une es la temática? -lo intentó de nuevo.

-Imposible. Tenemos de todo -suspiró el agente-. Delincuentes, dragones, piratas, brujas, vampiros... ¡Ni en un concurso de carnaval hay tanta variedad!

-Pues, definitivamente, el único patrón común es que no hay patrón común -concluyó Nico.

-Ese es un patrón mucho más común de lo que nos gustaría a los investigadores -se lamentó el inspector.

-¿Podemos echar un vistazo a la lista completa? -quiso probar suerte Nerea a ver si algo llamaba su atención.

-Faltaría   más   -accedió   el   policía
entregándosela.

Los chicos se repartieron los folios para
revisar los títulos.

-*¡Sam Piñatas!* -se emocionó Nerea al
encontrar en el listado su libro favorito-.
Comprendo que hayan robado este. ¡Es una
pasada! Me lo he leído cinco veces.

-¿Qué puede tener un libro para que lo
leas CINCO veces? -se sorprendió el agente.

-¿Nunca ha leído un libro cinco veces? -se

extrañó ella a su vez.

-Nunca. -Levantó la mano derecha a modo de juramento-. No soy muy lector. Leer me da sueño.

-Sueño no. Sueños. Leer da sueños -lo corrigió Nico-. ¿No ha leído usted el cartel de la biblioteca?

Tres golpes secos en la puerta los interrumpieron.

-¡Adelante! -dio permiso el inspector a la persona que había llamado.

Un hombre uniformado asomó la cabeza.

-Ya está aquí el primer testigo -anunció.

-Gracias, Martínez. Pásalo a la sala de interrogatorios.

4. LA SALA DE INTERROGATORIOS

-Veamos, Isidoro. Usted es la persona que denunció el robo, ¿verdad? -quiso confirmar el inspector al tiempo que anotaba algo en su libreta.

El joven de manos temblorosas que estaba sentado al otro lado de la mesa sudaba a mares. Aquella sala vacía con una intensa luz central sobre sus cabezas le daba escalofríos.

-Sí, se-se-señor. Pa-pa-para servirle -tartamudeó hecho un manojo de nervios.

Nerea y Nico observaban la escena sentados al fondo de la habitación. En silencio y sin moverse, tal como habían prometido al jefe.

-Y trabaja limpiando en la biblioteca -leyó en el informe del expediente.

-No del todo. Quiero decir que no trabajo allí. O sea, sí, pero no. No aún. Todavía estoy en prácticas -explicó el muchacho con mucha dificultad.

-¿Prácticas delictivas? -preguntó mirándolo fijamente a los ojos.

-¡No! Digo… ¿Delictivas? ¡No! Claro que no.

-¿Por qué eligió el turno del fin de semana? Alguien joven como usted tendrá decenas de planes mejores que trabajar en domingo. ¿O su plan era precisamente estar solo en la biblioteca?

-¿¡Bromea!? ¡Yo no elijo nada! Soy el último mono. Por eso hago los peores turnos.

-¿El último mono? -susurró Nico a Nerea-. ¿Eso qué es?

-Imagino que se queda sin plátanos en el almuerzo porque comerá el último -supuso Nerea encogiéndose de hombros.

—¿Le gusta su trabajo? —prosiguió el inspector.

—¡Yo qué sé! ¿Importa eso?

—Dígamelo usted.

—Me habla como si yo fuera el sospechoso en este caso —se quejó agobiado.

—Lleva razón. Este hombre no tiene remedio —opinó por lo bajo Nico.

—¿Por qué iba a dar la voz de alarma sobre la desaparición de los libros si yo fuera el ladrón? ¡No tiene sentido! —se defendió.

-Para parecer inocente -le explicó el policía-. Pasa a menudo.

-Yo no robé esos libros -insistió Isidoro cada vez más agitado-. ¡Ni siquiera me gusta leer!

-Eso sí que es un delito -comentó entre dientes Nerea a su compañero.

-Tranquilícese. No lo estoy acusando de nada. Solo estamos hablando -trató de calmarlo el agente-. ¿Cómo entra a la biblioteca?

-Por la puerta.

-No le conviene tomarme el pelo.

-Es que no sé a qué se re-re-refiere -volvió al tartamudeo nervioso.

-Limpia la biblioteca fuera del horario de atención al público. Eso significa que allí no hay nadie para abrirle la puerta porque el edificio está cerrado. Repito la pregunta: ¿cómo entra a la biblioteca?

-Con una tarjeta de control de acceso que paso por el lector instalado en la puerta.

-¿Necesita un código? -se escuchó la voz de Nico desde el fondo de la sala.

-No. La puerta se abre directamente al pasar la tarjeta magnética.

El agente se giró un instante para mirar a su colaborador con aire de reproche por su intervención. A Nico aquellos segundos se le hicieron eternos.

-¿Quién tiene acceso a esa tarjeta? -retomó el interrogatorio el policía.

-Supongo que el personal de la empresa. A mí me la da el jefe con los productos de limpieza antes de cada turno.

-¿Con esa tarjeta puede entrar cualquiera? -se le escapó a Nerea, que ya no se aguantaba las ganas de participar.

-Sí. Bueno, ese fin de semana en concreto no.

-¿Por qué? ¿Se estropeó la tarjeta? -preguntó el inspector conteniéndose para no girarse otra vez.

-Se estropeó el control de acceso.

-¡Qué oportuno! -sonrió con malicia el policía.

-¡A mí qué me cuenta! -protestó el joven-. Media ciudad sufrió un apagón ese viernes por la noche. No controlo mis turnos y cree usted que voy a controlar las tormentas, ¡es de locos!

-¡Es verdad! ¡La supertormenta eléctrica de la noche antes del mercadillo! -recordó Nico de repente.

Nerea le tapó la boca justo a tiempo para evitar una regañina del inspector.

-¿Cómo entró aquel domingo entonces? -continuó el agente.

-Con una llave de las de toda la vida. La puerta también tiene una cerradura tradicional.

-¿Y quién se la dio?

-Mi jefe. El sábado me avisó de que aquella tarde no trabajaría en la biblioteca porque había problemas para entrar.

-Al final tuvo suerte y le dieron la tarde libre -comentó sin dejar de escribir en su libreta.

-¡Uy! ¡Qué poco conoce usted a mi jefe! Esa tarde me mandó a limpiar al museo, que suelo hacerlo los domingos -explicó-. Al día siguiente consiguió hacer una copia de la llave de la biblioteca y me la entregó con los materiales de limpieza. El resto ya lo expliqué en mi denuncia.

-¿Cuántas copias hizo su jefe de la llave?

-¿Cuántas? -se rio Isidoro-. Una y porque no le quedó más remedio. ¡Es un tacaño! Se pasó todo el camino a la biblioteca hablando de lo caro que es un cerrajero de urgencia. ¡No paró de darme la lata!

54

-Sería una lata de cacahuetes -dio por sentado Nico-. Como es el último mono...

-Así que ni usted ni su jefe dispusieron de llave de entrada a la biblioteca hasta el domingo por la mañana -resumió el inspector.

-Eso es.

El policía apuntó como tarea en su agenda confirmar aquella información con los trabajadores de la biblioteca. Si era verdad, ambos estarían descartados como sospechosos. Pero en el caso de que el jefe hubiera obtenido la llave el mismo sábado por la tarde, tendría que llamarlo a declarar.

-Ese domingo dejó para el final la sección de literatura infantil y juvenil, ¿cierto?

Él asintió con la cabeza.

-¿Cómo diría que limpió la biblioteca ese día? -prosiguió el inspector.

-Nuestro lema es "Limpieza y delicadeza definen nuestra grandeza" -recitó de memoria el eslogan de su empresa.

-Pues deberían cambiarlo por "Torpeza y pereza definen nuestra naturaleza", porque dejó varias impurezas sin recoger. Pañuelos con mocos, un chicle... -El policía lo miró con gesto serio.

—¡Míos no son!

-Hombre, ¡faltaría más! -exclamó indignado el agente-. Se salva de la reprimenda solo porque me viene bien tener pruebas.

El joven limpiador respiró aliviado. La declaración se le estaba haciendo más larga que un turno doble.

-Una última cosa antes de irse -anunció extendiéndole una hoja de papel en blanco y un bolígrafo-. Escriba ahí lo que voy a leerle. En mayúsculas, por favor.

Sin entender el propósito, Isidoro escribió palabra por palabra el contenido de la nota hallada en el suelo de la biblioteca. "NEREA Y NICO TIENEN LA SOLUCIÓN".

-Gracias -dijo el policía retirándole el papel cuando acabó-. Es todo por ahora. Puede marcharse.

Tenía tanta prisa por salir que tropezó con la silla y a punto estuvo de darse de bruces con el inspector, que se había levantado para acompañarlo hasta la puerta.

-La silla no se la lleve -bromeó el agente.

El joven esbozó una sonrisa forzada y abandonó la sala tan rápido como le permitieron sus temblorosas piernas.

-Él no escribió la nota -aseguró el policía a los chicos cuando se quedaron a solas y les enseñó el papel.

-¡No ha dado una! -observó Nico comprobando que ninguna de las letras se parecía a las de la nota original.

-A ver si con el siguiente testigo hay más suerte. Colocad vuestras sillas junto a la mía antes de hacerlo pasar, vamos -decidió el inspector-. Total, no vais a estar callados...

5. QUE PASE EL SIGUIENTE

-Martínez, que pase el siguiente -ordenó a su subordinado asomándose al pasillo.

Unos minutos después entró en la sala de interrogatorios una de las trabajadoras de la biblioteca.

-Siéntese, por favor -la invitó el inspector señalando la silla-. Sofía, ¿verdad?

-Sí, así es -contestó ella sin poder contener un ataque de tos-. Disculpe.

-No se preocupe. Cuénteme, Sofía, ¿qué recuerda del sábado que desaparecieron los libros?

-Fue un día horroroso. Me levanté con un resfriado de campeonato porque el tormentón de la noche anterior me pilló en plena calle. ¡Imagínese! Me empapé hasta el punto de que tuve que escurrir toda la ropa que llevaba puesta cuando llegué a casa. ¡Cof! ¡Cof!

-Veo que aún le dura la tos... -observó el policía.

-La arrastro hace semanas, ¡tengo hasta
agujetas de toser! -se lamentó-. Y todo desde

aquel dichoso sábado. Amanecí muy congestionada por los mocos, me picaban los ojos y estornudaba tres veces por minuto.

-¡Usted es la de los pañuelos! -cayó en la cuenta Nerea.

-¿Perdón? -preguntó sonándose la nariz.

-Se refiere a una de las pruebas que recogimos en el lugar de los hechos. Encontramos muchos pañuelos usados, pero todavía no hemos analizado el origen de la materia viscosa que hay en ellos.

-No hace falta. Son todos míos, se lo digo yo -aseguró en medio de otro golpe de tos-. No malgaste en eso un perito.

-¿Y qué íbamos a hacer con un perrito? ¿También se adiestra a perros para rastrear mocos? -se moría de curiosidad Nico.

-Los perros policía son extraordinarios y pueden rastrear casi cualquier cosa. Pero la señora está hablando de peritos. Con una erre. Son los especialistas que nos ayudan con sus informes a interpretar las pistas. Por ejemplo, los peritos caligráficos. -Le guiñó un ojo.

Nico sonrió encantado de tener ya sus propias bromas en clave con el jefe.

-Entonces, fue usted a la biblioteca a pesar de que esa mañana estaba enferma, ¿correcto?

La mujer asintió y se sonó ruidosamente la nariz antes de explicarse.

-Mi abuela decía que, si te puedes levantar, puedes trabajar.

-¿Y si te levantas, pero te vuelves a acostar, ya no cuenta? -quiso saber Nico.

Nerea le dio un codazo para que se callara y él se quedó con la duda.

-¿Qué panorama se encontró al llegar a la biblioteca?

-¡El caos absoluto! La noche anterior la tormenta provocó un apagón que dejó bloqueado el sistema de seguridad del edificio. -Carraspeó para cortar otro amago de tos-. El sensor por el que pasamos nuestras tarjetas de acceso no funcionaba, así que mis compañeros estaban esperándome en la calle.

-¿Por qué a usted?

-Porque soy la única que tiene la llave de la cerradura antigua que, a su vez, era la única con la que se podía abrir en ese momento.

-Es el ama de llaves -concluyó Nerea.

-De las mías al menos sí -rio Sofía.

Y acto seguido puso sobre la mesa un

llavero con forma de libro del que colgaban llaves de diferentes tamaños y colores.

-La de la biblioteca es esta amarilla de aquí. ¡Cof! ¡Cof! Siempre la llevo encima con las demás.

-Mujer prevenida vale por dos -la felicitó el policía examinando minuciosamente la llave amarilla.

-Y hombre prevenido evita muchos líos -añadió Nico-. Prosiga -le pidió a la bibliotecaria imitando las formas del jefe.

-Una vez dentro, al ver que había vuelto la corriente eléctrica y que teníamos luz y línea telefónica, decidimos abrir al público. Después comprobamos que el sistema informático de préstamo de la biblioteca no funcionaba, así que llamamos al servicio técnico.

-¿Y el sistema de acceso de la puerta de entrada? -interrumpió su relato el inspector.

-No lo repararon hasta la semana siguiente porque la empresa tenía demasiados avisos de averías. -Volvió a toser-. Tampoco el detector del arco de seguridad por el que tienen que pasar los usuarios al irse de la biblioteca.

-¡La situación ideal para el ladrón! Ni puerta de seguridad para entrar ni sistema de alarma para salir -se lamentó el policía.

-Lo que beneficia al ladrón entorpece la

investigación -resumió Nerea.

-Aparte de no tener sistemas de seguridad, ¿trabajaron con normalidad? -quiso confirmar el agente.

-En general, sí. Atendimos muchas llamadas de teléfono por las circunstancias, es cierto. Pero las zonas de estudio y de consulta estaban despejadas y se utilizaron desde que abrimos hasta que cerramos. El único problema estuvo en el préstamo de libros; lo paralizamos hasta que los informáticos arreglaron el programa a última hora de la mañana.

-De ahí que la lista de libros prestados ese sábado sea tan corta -concluyó el inspector repasando el expediente-. ¿Y las devoluciones?

-Las devoluciones nunca son un problema. Como los libros se van a quedar en la biblioteca, a menudo los recogemos para no hacer esperar a la gente y los registramos más tarde. Si alguien hubiera querido devolver un libro, lo hubiéramos hecho así y lo hubiéramos registrado cuando empezó a funcionar el programa.

-No obtuvimos ninguna lista de los libros devueltos aquella mañana -la informó el policía.

-Seguramente porque no hubo. Yo no hice ninguna, la verdad. Mucha gente se fue al ver el jaleo que teníamos allí montado. Recuerdo, por ejemplo, que me ofrecí a recoger los libros de una anciana y prefirió devolverlos otro día porque no se fiaba si no le pasaba el lector por los ejemplares. ¡Cof! ¡Cof! No tuvimos mucho movimiento de libros ese día.

-Excepto los que se movieron con el ladrón -matizó Nico.

-¿Hubo alguien que hiciera algo fuera de lo común? -preguntó el agente.

-Sin duda, sí -confesó para sorpresa de los presentes en la sala-. Una mujer muy desagradable que se indignó cuando le dije que no podía llevarse el libro que quería hasta que los técnicos solucionaran el problema. ¡No se imagina el numerito que me montó! Que si vaya vergüenza de funcionarios, que si me creía que ella no tenía otra cosa que hacer que volver más tarde, que si iba a denunciarme ante quien hiciera falta...

-¡Madre mía! -se compadeció Nerea-. ¿Y qué hizo usted?

-La eché de la biblioteca. Sin el libro, claro.

-¡Bien hecho! A usted no hay quien le tosa -la aplaudió Nico.

-No, para toser ya estoy yo -sonrió ella.

-¿Sabe su nombre? -intervino Nerea.

-No, ni quiero saberlo, ¡espero no volver a verla!

-¿Podría describirla? -le pidió el inspector mientras apuntaba algo en su libreta.

-Alta, pelirroja, con la voz muy aguda y un olor peculiar, como a zumo de frutas.

-¿Del bosque o tropical? -fue al detalle Nico.

-Mmm... Yo diría que tirando a frambuesa.

-Interesante... -murmuró el policía, que no dejaba de escribir-. ¿Recuerda el libro que quería llevarse prestado?

-Perfectamente, porque pensé que le iba que ni pintado. *Cómo controlar tu ira en un día.*

-Pues igual tenía que haber dejado que se lo llevara -opinó Nerea.

-¿El resto de la mañana transcurrió con normalidad? -preguntó el policía.

-Sí, como un día cualquiera. Alguna recomendación de lectura, algún niño armando jaleo y mucho café para aguantar en pie porque fui encontrándome cada vez peor.

-Ya imagino. Una duda sobre la llave: ¿cuándo se la hizo llegar a la empresa de limpieza? -quiso corroborar el inspector.

-¡Uy! ¡Eso fue otro lío! Llamé para avisar de que no funcionaba el sistema de acceso y de que tendrían que hacer una copia de la llave para poder entrar -explicó entre tos y tos-. Íbamos a quedar esa misma tarde, pero en cuanto cerré la biblioteca tuve que ir directa a urgencias. Al ver que lo del hospital iba para largo, volví a llamar y cambiamos la cita para el domingo a primera hora.

El agente tachó de sus tareas pendientes la posible citación del jefe de la empresa de limpieza. Estaba limpio.

-¿Cuánto tiempo dice que pasó en urgencias? -preguntó cerrando su agenda.

-No lo sé, tendría que mirar el informe médico donde aparece la hora del ingreso y la del alta. Pero ya estaba anocheciendo cuando salimos.

-¿Salieron? ¿Usted y quién más? -estuvo atenta al plural Nerea.

-Mi madre y yo. Se acercó para acompañarme durante la espera y las pruebas en el hospital. Y esa noche dormí en su casa por precaución.

-Eso la descarta como sospechosa -chasqueó la lengua Nico.

-¿Contemplaba esa posibilidad? -se dirigió ofendida al policía.

-No es nada personal. Es que nadie más tuvo acceso a la única llave que podía abrir la biblioteca en el espacio de tiempo en el que se produjo el robo. Solo intento hacer bien mi trabajo -se justificó.

-Lo comprendo -admitió Sofía tras

escuchar su razonamiento.

-No tengo más preguntas. Aunque sí necesito que me escriba una nota que le voy a dictar. Es parte de la investigación, no puedo revelarle el motivo.

-Claro, no hay problema -aceptó cogiendo el bolígrafo que le ofreció y escribiendo la misma nota que Isidoro.

-Muy amable -le agradeció el policía mientras comprobaba que su letra tampoco coincidía-. La llamaré si vuelvo a necesitarla.

-Espero que sea para decirme que han recuperado los libros. ¡Me daría una alegría! Porque los libros son tesoros, ¿sabe usted?

Los niños pensaron que Sofía era una bibliotecaria muy sabia.

6. PEDRO Y PEDRO

-¿Le digo que pase? -preguntó Martínez desde la puerta de la sala de interrogatorios con el siguiente testigo esperando detrás.

El inspector le dio permiso haciendo el gesto de que entrara con la mano.

-Puede empezar su declaración cuando quiera. -Volvió a abrir su libreta una vez que el testigo se sentó.

-Trabajo en la biblioteca desde hace veinte años y me llamo Pedro -contó él sin saber muy bien qué decir-. Pedro Librero.

-¡No fastidie! -se rio Nico-. ¡Es genial! ¿Sus padres le pusieron el apellido antes o después de saber que quería ser bibliotecario?

-Bastante antes -se le escapó la risa también al hombre.

-Con tantos años de experiencia, ¿hubo algo que le resultara extraño el sábado del robo? -se puso seria Nerea.

-Fue un día extraño en sí por el barullo que provocó el apagón de la noche anterior.

Estuvimos sin programa informático gran parte de la mañana, con lo que eso supone.

-¿Cómo se lo tomaron los usuarios? -preguntó el policía.

-¿Los problemas técnicos? Media ciudad sufrió a primera hora las consecuencias de los cortes de luz, así que casi todo el mundo lo entendió.

-¿Casi todo el mundo? ¿Quién no? -quiso profundizar el agente.

-Algunos refunfuñaron un poco, pero la única que se enfadó de verdad fue una señora cuando se enteró de que no funcionaba el registro de préstamos.

-¿Recuerda qué libro quería llevarse? -trató de confirmar la información Nico.

-Ni idea. La atendió mi compañera.

-¿Recuerda al menos cómo era ella? -quiso verificar la descripción Nerea.

-De pasada. No la había visto antes. Tenía el pelo rojizo, de eso sí que me acuerdo. Una melena preciosa, por cierto. Y olía mucho a fresa.

-¡Ajá! -El inspector tomó nota-. ¿Fresa ácida?

-¡Ostras! -Nerea ató cabos ante la mirada

sorprendida de Nico, que no entendía su reacción a la pregunta del jefe.

-No sabría decirle.

-¿Podría describir sus gestos al enfrentarse a su compañera? -insistió el policía.

-Amenazantes. Levantaba mucho la voz y sostenía el libro en alto mientras señalaba con el dedo a Sofía. Cuando le pidió que abandonara la biblioteca, tiró el ejemplar sobre la mesa y se fue jurando que aquello no iba a quedar así.

-¿Dijo eso textualmente? -quiso corroborar el policía.

-Sí, creo que sí. Fue un momento muy desagradable. ¿Es sospechosa del robo? -sintió curiosidad Pedro.

-Si lo fuera, no sabría cómo encontrarla. Es una pena que los carnets de la biblioteca no incluyan foto. Eso nos hubiera permitido identificar a la mujer a través de las fichas que conservan en el registro de usuarios.

-¿Usted sospechó de alguien cuando se enteró del robo? -quiso saber Nerea.

-No. ¿Quién va a querer robar libros de una biblioteca? Todo el mundo puede leerlos tantas veces como quiera. Y están usados, así que no tienen valor económico.

Nico arrugó el morro. Le disgustaba que nadie compartiera su teoría de los mercados clandestinos orientales.

-¿Tiene llave de la biblioteca? -continuó el interrogatorio el agente.

-Tengo una tarjeta de acceso.

-Me refiero a la tradicional, con la que tuvieron que abrir y cerrar ese fin de semana.

-No. Esa solo la tiene Sofía.

-¿Algún incidente reseñable más? Cualquier cosa que le venga a la cabeza -hizo un último intento tras dejar a un lado de la mesa el expediente policial.

-Reñí a un par de críos porque estaban armando jaleo. Pero los llevo riñendo por lo mismo desde que se sacaron el carnet de la biblioteca, así que no creo que tenga relación con el caso porque no era ninguna novedad.

-Bien, pues, si es tan amable de escribir en esta hoja el texto que le voy a dictar, terminamos.

El testigo copió cuidadosamente con su mano izquierda la frase que leyó el agente. "NEREA Y NICO TIENEN LA SOLUCIÓN".

-¿Desde cuándo es zurdo? -se fijó Nico.

-Desde que mis padres me pusieron el apellido Librero. -El bibliotecario le guiñó un ojo.

-Por eso tiene mano izquierda para esto de los libros -comentó Nerea con admiración por el buen ojo de los padres de aquel hombre.

-Sus ayudantes son un diamante en bruto -dijo al policía levantándose de la silla.

-No lo sabe usted bien -sonrió el inspector.

Acompañó al testigo hasta la puerta, donde lo esperaba Martínez, y volvieron a quedarse a solas.

-Oye, ¿qué pasa con eso del olor a fresa? No lo he pillado -confesó Nico.

-¡El chicle! -exclamó Nerea.

-¡Claro! ¡Y yo pensando en un perfume! ¡Lo que olía era el chicle! ¿Y cuál es la teoría? ¿Que se le cayó mientras robaba los libros?

-Es una posibilidad -valoró el agente-. O simplemente se le escapó de la boca al gritarle a Sofía y la mujer pelirroja no tiene nada que ver con la desaparición de los libros.

-¡Qué difícil! -reconoció Nerea-. En las películas parece más fácil.

-Sobre todo cuando ya las has visto -bromeó el jefe.

-¿Se puede? -Una cabeza sonriente asomó por la puerta-. El otro policía me ha dicho que pase ya.

-Nuestro siguiente testigo, ¿no? -El inspector tomó asiento.

-Creo que sí. Soy Pedro.

-¡Anda! ¡Están repes! -le hizo gracia a Nico.

-Yo soy Pedro Ladrón -dijo su nombre completo para diferenciarse de su compañero.

Los niños no pudieron evitar un ataque de risa y al jefe le costó reprimirse.

-Y su segundo apellido es De Bibliotecas -susurró Nerea a Nico, que tuvo que hacer un esfuerzo para no estallar en carcajadas.

-Bueno, Pedro, ¿qué puede contarnos de aquel sábado? -se puso serio el inspector.

-No mucho. Estuve liado toda la mañana atendiendo el teléfono. La gente no paraba de llamar para ver si la biblioteca estaba funcionando por lo del apagón.

-¿Alguna llamada sospechosa?

-No, ¡qué va! Nada.

-¿Algún usuario enfadado por los problemas con los préstamos de libros? -se le ocurrió a Nico pensando en los interrogatorios anteriores.

-No, lo normal.

-¿No recuerda una discusión de una mujer con su compañera Sofía? -le extrañó a Nerea.

-Ah, sí, algo me contó. Pero yo no lo presencié.

-¿Así que no la vio? -insistió la niña.

-¿A la chica pelirroja? No.

-¿Y cómo sabe que era pelirroja? -preguntó el policía con tono desconfiado.

-Me lo comentaría Sofía, supongo.

-Supone. Ya veo… -murmuró mientras anotaba algo en su libreta-. ¿Algún niño ruidoso?

-Todos los niños son un poco ruidosos, ¿no? -dijo mirando a los chicos.

-Le ha sentado mal que nos riéramos de su apellido -comentó Nico a Nerea entre dientes.

-¿Cómo entraron y salieron del edificio aquella mañana? -continuó el inspector.

-Con la llave antigua que guardaba Sofía. Las tarjetas no iban, por el rollo de los cortes de luz y eso.

-¿Cuándo se enteró del robo? -quiso saber Nico.

-El lunes, cuando llegué a trabajar.

-¿Y qué pensó? -Nerea lo miró recelosa.

-Que los ladrones debían de tener una buena furgoneta para llevarse tantos libros.

-¿Por qué cree que eran varios ladrones? -trató de pillarlo en un renuncio.

-No lo sé. Lo he dicho por decir.

-¿Tiene usted furgoneta? -intervino el agente.

-No, tengo una moto.

-¿Conoce a alguien que tenga una furgoneta? -le pareció interesante saber a Nico.

-Todo el mundo conoce a alguien que tiene una furgoneta.

-¿Quiere añadir algo a su declaración? -preguntó el inspector sin dejar de tomar notas.

-Nada. Yo solo soy un ayudante allí.

-Pues aquí no nos ha ayudado nada -le echó en cara Nerea.

El policía le entregó un folio y un bolígrafo y, para finalizar, le pidió que escribiera la misma frase que los testigos anteriores.

-Estupendo. Es todo por nuestra parte. -Condujo a la salida a Pedro mientras observaba su caligrafía irregular en la hoja de papel.

-Yo creo que oculta algo -confesó Nerea en cuanto el testigo abandonó la sala.

-Él tampoco escribió la nota. -Les enseñó su texto con gesto de decepción-. Los interrogatorios de los trabajadores no han sido muy fructíferos.

-¿La fresa ácida no cuenta como fruta? -se extrañó Nico.

-Me refiero a que no tenemos ninguna teoría sólida. Todo son hipótesis sin pruebas.

-Yo pienso que la mujer pelirroja del chicle no ha sido -aportó su punto de vista Nico.

-¿Y eso? -sintió curiosidad el policía.

-Es la que más sospechosa parece y en todas las películas que he visto el principal sospechoso siempre acaba siendo inocente.

-Tienes razón. Pero esto es la vida real. Tal vez las cosas simplemente son como parecen.

-Aún queda una lista -les recordó Nerea.

-Sí, la de los usuarios que utilizaron su carnet aquella mañana... -Rebuscó entre los papeles del caso-. ¡Aquí está! Empecemos por el primer nombre. Avellaneda Rico, María.

7. NO HAY DOS SIN TRES

—¡María!

Nerea corrió a abrazar a su amiga cuando apareció en la sala acompañada por Martínez.

—¿Se puede abrazar a un testigo? —preguntó Nico al inspector antes de levantarse.

-No sería apropiado si fueras un policía. Pero el protocolo no habla de los ayudantes improvisados, así que no creo que pase nada por saltarnos una norma más –le dio permiso para unirse a sus compañeras de clase.

-Martínez -lo llamó el jefe mientras los chicos se saludaban-, ¿tenemos el consentimiento por escrito de los padres para que los niños que se llevaron libros declaren sin estar ellos presentes?

-Todo en orden, señor -asintió Martínez.

-Perfecto. -Cerró la puerta para continuar con su trabajo.

-¡Qué fuerte! ¡Aquí los tres otra vez!

-exclamó María emocionada-. ¿Vosotros también estáis declarando?

-Más bien aclarando. O intentándolo. Ayudamos al inspector a resolver el caso -le contó Nerea.

-¡Qué pasada! ¡Yo me apunto! ¿Puedo? ¡Por favor! ¡Por favor! -le pidió al agente.

-Tres son multitud -se negó-. Va contra las normas.

-El protocolo no tiene normas sobre los ayudantes improvisados, me lo acaba de decir -lo corrigió Nico.

El jefe abrió la boca para replicarle, pero se dio cuenta de que se había metido en aquel lío él solo.

-Está bien. Donde caben dos, caben tres -se rindió ante el entusiasmo de los chicos-. Aunque, antes de pasar a este lado de la mesa, tienes que contarme lo que recuerdes de aquel sábado. ¿Para qué fuiste a la biblioteca, María?

-Para buscar un libro de sombreros. Pero no lo encontré.

-Ya imagino, porque según el registro informático el libro que te llevaste fue *Bocadillos sencillos y sabrosillos.*

-Es que mantengo una lucha personal

contra los bocadillos de mortadela, ¿sabe? Aunque es una batalla perdida, creo yo.

Nerea y Nico agarraron la mano de su amiga en señal de solidaridad.

-¿Y durante el tiempo que estuviste allí observaste algo raro?

-No, nada. ¿Ya puedo poner mi silla al lado de las suyas? -lo intentó sin poder ocultar su impaciencia.

-No tan rápido. ¿Te cruzaste en algún momento con una mujer pelirroja muy alta?

-No. ¡Pero conozco a una mujer así!

-¿¡Quién!? -Nerea se sorprendió de que María pudiera tener información valiosa.

-No sé su nombre. Trabaja en la panadería de mi barrio, repartiendo.

-Repartiendo tortas -se rio con ganas Nico.

-¿Tiene la voz chillona? -Nerea quiso asegurarse de que se trataba de la misma persona.

-No sabría decirte, nunca he hablado con ella. Siempre está por ahí con la furgoneta de la panadería.

El inspector se puso alerta en cuanto escuchó la palabra *furgoneta* y volvió a abrir su libreta.

-¿Cómo se llama la panadería? -se dirigió a la niña.

-Tu Pan Torrilla.

Inmediatamente el jefe se levantó de la silla y se asomó al pasillo en busca de Martínez.

-¡Martínez! -lo llamó cuando lo vio junto a la máquina de café-. Que me localicen a la repartidora de la panadería Tu Pan Torrilla y me la traigan a declarar.

-¿De qué panadería? -preguntó Martínez, que con el ruido de la máquina no había escuchado bien.

-¡Tu Pan Torrilla! -repitió elevando la voz-. ¡La quiero ya!

Una señora que estaba esperando para poner una denuncia se levantó ruborizada y se fue de la comisaría sin mirar atrás.

Martínez dio la orden por su *walkie-talkie* y el inspector regresó a la sala de interrogatorios.

-¿Esa mujer es la ladrona? -sospechó María.

-Yo sigo diciendo que ella no es -reiteró su postura Nico.

-¿Qué pruebas tenemos contra ella? -insistió María mientras colocaba su silla del otro lado de la mesa junto a la de Nerea.

-Ninguna prueba sólida -reconoció el agente-. Un chicle que cayó en el lugar de los hechos en algún momento del sábado, una furgoneta que le permitiría transportar los libros desaparecidos y un altercado que pudo darle un motivo para el robo.

-La venganza -aclaró Nerea con voz siniestra.

-Sí, pero es todo circunstancial -recordó el policía.

-Además, ella no pudo escribir la nota porque no nos conoce -añadió Nico-. Y...

-¿Qué nota? -lo interrumpió María muy intrigada.

El inspector le mostró la prueba número tres.

-¡Qué pasada! ¡Sois famosos! -los felicitó María.

-No sabemos si somos nosotros. No pisamos la biblioteca aquel sábado -rebajó su euforia Nerea.

-¿Tú no sospechas de la mujer pelirroja? -quiso saber su amiga.

-A mí el que me da mala espina es el último bibliotecario -contestó ella.

-Se llama Pedro Ladrón -comentó Nico.

-¡Bah! ¡No puede ser tan fácil! -se rio María.

-Estoy segura de que oculta algo -confesó Nerea sin poder explicarlo.

-¿Y usted de quién sospecha? -pidió su opinión al jefe la nueva colaboradora.

-Yo sospecho de todos hasta que me demuestren lo contrario -respondió muy serio mientras abría la puerta para avisar al siguiente testigo.

-¿Por qué me siento culpable si yo no he hecho nada? -María compartió su inquietud en voz baja.

-Tiene ese superpoder. Yo, a ratos, todavía creo que no nos ha descartado del todo ni a nosotros -le susurró Nico clandestinamente.

8. UN CERO PATATERO

-¿¡Qué me dice!? -se sorprendió el inspector mientras observaba la cara de felicidad de Nerea, de Nico y de María.

-Sí, sí. Soy su profesora. Tengo mucha suerte. -La seño Isabel les guiñó un ojo con complicidad.

-Ella no escribió la nota -anticipó Nerea-. Tiene una letra mucho más bonita. ¡Sobre todo cuando te pone un sobresaliente!

-Parece que va a ser un interrogatorio breve porque sus alumnos ya tienen clara su inocencia -comentó divertido el policía.

-Estoy a su disposición -ofreció su total colaboración.

-¿Recuerda el libro que se llevó prestado el día del robo?

-Fueron dos, en realidad. *Docencia con paciencia* y *¿Por qué fui tan inocente de hacerme docente?* Hay días duros, ya me entiende -se justificó con una tímida sonrisa.

-La entiendo perfectamente. No sé de dónde sacan la paciencia los maestros.

-Del primer libro que cogió prestado -le chivó María con disimulo.

-¿Observó algo extraño en la biblioteca aquel día? -intentó centrar la conversación el agente.

-No. Tampoco estuve allí mucho tiempo, lo que tardé en localizar los libros que iba buscando.

-¿Coincidió con una mujer alta con el pelo rojizo?

-No me suena, lo siento -se disculpó.

-Pues, salvo que quiera usted que conste algo más en su declaración, hemos terminado. -El inspector cerró su libreta.

-Son unos chicos estupendos -dijo la seño Isabel mirando a Nerea, a Nico y a María-. Debería anotar eso.

-Habíamos quedado en que era legal abrazar a los testigos, ¿no? -quiso asegurarse Nico señalando a su profesora.

-Toda tuya -le concedió el policía.

Los chicos se despidieron con cariño de su

maestra y la acompañaron hasta el pasillo, donde esperaba para declarar alguien con cara de circunstancias.

-No me lo puedo creer. ¡Podíamos haber dado clase de mates en comisaría! -bromeó la seño Isabel al descubrir que era otro alumno del colegio.

Allí estaba, tenso como las cuerdas de una guitarra, Ramón el Pegón.

-¿Ramón el Ladrón? -se le escapó a María.

-¡Yo nunca he robado nada! -se enfadó ante aquella acusación.

-¡Serás mentiroso! -le recriminó Nerea muy molesta.

-¡Yo no he robado esos libros! -hizo más concreta su declaración de inocencia.

-Estás aquí como testigo para ayudar en una investigación policial -lo tranquilizó la maestra-. Solo tienes que decir la verdad y todo irá bien.

Y, con ese superpoder de transmitir calma en cualquier situación, se alejó pasillo adelante y dejó a los chicos con el inspector.

-Para dentro. -El policía los hizo pasar a la sala de interrogatorios-. Siéntate, Ramón.

-¿No tiene que decirme que tengo derecho a un abogado y a permanecer tieso? -preguntó con voz temblorosa.

-Tieso ya estás, por lo que veo. El derecho a un abogado y a permanecer en silencio y esas cosas es para los detenidos. Tú estás aquí solo como testigo -le aclaró la situación el inspector.

-Por ahora -murmuró Nico.

-Yo no leo, ¿sabe? Solo abro un libro cuando me obligan en el colegio. ¿Para qué iba a robar libros que no voy a leer? -se defendió.

-Y, sin embargo, ese sábado te llevaste un libro prestado -comentó el agente ojeando sus notas.

-Fue para disimular.

-Explícate -le pidió el policía.

-La bibliotecaria me tiene manía. Me había reñido ya dos veces y quería echarme de la biblioteca por armar jaleo. Así que me puse a buscar un libro para tener una excusa para quedarme.

-¿Qué libro elegiste? -sintió curiosidad Nico.

-No me acuerdo, uno que había por la estantería que me quedaba más cerca.

-*La caída de Constantinopla* -le dio el dato

el agente-. Ese fue el libro que te llevaste.

-¿Lo ve? Ni sé quién es Constantimplora ni dónde se cayó -dijo para reforzar su versión.

-Mmm... Digamos que te creo. ¿Para qué fuiste a la biblioteca entonces? -le preguntó el inspector.

-Para hacer un trabajo de clase.

-¡El trabajo de mitología! -se acordó María de repente.

-Sí, ese -le confirmó Ramón.

-¿Y qué tal te fue? -quiso saber el policía.

-¡Fatal! No me aclaro con la mitología, está llena de gente rara y con muy mala baba. Ahí tendría usted muchos clientes, ¿sabe? -comentó aún bastante nervioso.

-No lo dudo -sonrió el agente-. ¿Por qué dices que el trabajo te salió fatal?

-Suspendí. Le puse alas en los pies al que no era y metí en el laberinto al que tenía que estar mirándose en el espejo. No acerté ni el nombre de la caja esa de las cosas malas. Me equivoqué de marca -chasqueó la lengua con fastidio.

-Un cero patatero, vamos -resumió Nerea.

-El profe Ismael dijo que no me había esforzado nada y no era verdad. Me esforcé mucho en buscar las respuestas cuando fracasó mi otro plan.

-¿Otro plan? -preguntó el inspector.

-Mi primer plan era copiar las respuestas de Nerea y de Nico cuando entregaran sus trabajos a la seño Isabel. Como ellos van a otra clase, mi profe Ismael no se hubiera dado cuenta al corregir mis respuestas. Es que ellos siempre sacan muy buenas notas, ¿sabe?

-Yo también -protestó María sintiéndose excluida.

-Déjalo, tiene derecho a tener sus preferitismos -lo defendió Nico por una vez.

-Sus *favoritismos* -corrigió Nerea a su amigo.

-Eso también -le concedió Nico.

-Ramón el Copión -refunfuñó María.

-¿Y por qué falló tu plan inicial? -quiso profundizar el agente.

-Porque la bibliotecaria me separó de mi amigo Felipe antes de que pudiera contárselo todo. Ya nos tiene fichados y no nos deja ni respirar -se quejó con amargura.

-Felipe iba a ser tu cómplice -dedujo el policía.

-Sí. A él tampoco le gusta el rollo de los dioses del monte Olímpico ese.

-Está bien, recapitulemos -quiso ordenar sus ideas el inspector-. Fuisteis a la biblioteca por el trabajo de mitología. Decidisteis hacer trampas y copiar las respuestas el lunes en el colegio. Pero la bibliotecaria os impidió tramar el plan para conseguirlo porque os separó. Así que hicisteis cada uno vuestros deberes y tú te llevaste para casa un libro que no tenías ninguna intención de leer.

-Y un cero -recordó con tristeza Ramón-. Me llevé un cero también.

-Seguro que te saldrá mejor la próxima vez, ya verás -lo animó el agente-. Oye, ¿viste a una mujer pelirroja muy alta aquella mañana en la biblioteca?

-No recuerdo a nadie así.

-Te voy a pedir una cosa más, Ramón. Quiero que me escribas aquí...

-Ah, no, ¡redacciones, no! Que, entonces, sí que me detiene. -Empezó a sudar agobiado.

-Es solo una frase -lo tranquilizó el policía a la vez que cogía la bolsa de plástico donde estaba la nota.

-¿Por qué ha metido el mensaje que me confiscó la bibliotecaria en una bolsa? -se extrañó Ramón al reconocer su letra-. ¿Olía mal? Es que lo tuve escondido en el calcetín un rato, ¿sabe?

Su olfato policial había quedado a la altura del trabajo de mitología de Ramón.

-¿Tú escribiste esa nota? -Era lo último que se esperaba Nerea.

Ramón asintió con la cabeza, un poco confundido todavía. No entendía cómo había llegado aquel trozo de papel a la sala de interrogatorios de la comisaría y a qué venía tanto revuelo.

-¿Para quién era la nota? -quiso cotillear María.

-Para Felipe. Como la bibliotecaria nos vigilaba y no podíamos hablar, nos comunicamos por escrito. Pero esa mujer está en todas partes y, al final, me pilló y se quedó con el papel.

-Entonces, la solución a la que te refieres

en la nota es... -intentó dejarlo claro el policía.

-Las respuestas del trabajo de mitología. Nerea y Nico tienen siempre la solución. ¿A que sacasteis un diez?

Los niños confirmaron la teoría de su compañero.

-María también sacó un diez -dijo Nerea para que constara en acta.

-Ramón, acabas de hacer que la pista en la que tenía más esperanzas sea absolutamente inservible. -El agente tiró la prueba con desgana sobre la mesa.

-¡Yo siempre tengo la culpa de algo! -protestó sintiéndose un incomprendido.

-No pretendía responsabilizarte de nada, perdona -se disculpó el policía-. Agradezco mucho tu colaboración, Ramón. Puedes irte.

-¿Soy libre? -No terminaba de creérselo.

-Como el viento -sonrió el inspector abriéndole la puerta.

Y Ramón el de la Absolución se marchó después de resolver un problema y crear otro aún mayor. Como cualquier personaje mitológico que se precie.

9. REPARTIENDO SOSPECHAS

-La solución llega siempre cuando uno está a punto de rendirse -trató de levantar los ánimos el inspector.

-Entonces, ¡me rindo! -dijo Nico mirando a su alrededor a ver si aparecía la solución.

-Eso nunca -le afeó Nerea-. Seguro que hay algo que hemos pasado por alto.

-Alta es la mujer pelirroja -recordó María.

-A mí Pedro Ladrón me huele a chamusquina -reconoció Nerea.

-Eso es porque va en moto -le explicó Nico.

El inspector tenía una tarea pendiente subrayada en rojo y se asomó al pasillo impaciente.

-¡Martínez! ¿Cómo va lo de Tu Pan Torrilla?

-Ya me duele menos, señor. -Agradeció la preocupación del jefe por su salud.

-¡La panadería! -le aclaró malhumorado.

-Ah..., por supuesto..., estoy en ello, señor. -Se ruborizó al darse cuenta de su metedura de pata.

El inspector cerró la puerta con un suspiro y regresó a su asiento moviendo la cabeza en señal de desaprobación.

-Continuemos -decidió tras repasar sus notas-. Nuestra siguiente lectora se llama Rita y se llevó el libro *Enamora bien y no mires a quién*.

Los chicos estallaron en carcajadas. Armaron tanto escándalo que el jefe se vio obligado a dar unos golpes en la mesa para que se calmaran. En ese instante, Martínez irrumpió en la sala con la respiración entrecortada.

-¡La tengo, señor!

-¿A la enamorada?

-A la repartidora de la panadería.

-Perfecto. Que pase.

Una mujer muy alta con una preciosa melena rojiza cruzó la puerta con la mirada desafiante.

-¿Qué es tan urgente como para traerme

a comisaría casi a rastras? -preguntó enfadada.

-Su nombre, por favor. -El policía ignoró su actitud.

-Me llamo Aurora Feo.

-¡No puede hablarle así al inspector! -Nico se llevó las manos a la cabeza.

-Que no, que es su apellido -le aclaró María.

-¿Y de qué se me acusa, guapo? -se burló de la confusión de Nico.

-No le conviene hacerse la graciosa -le advirtió el inspector-. Por ahora solo la han acusado de montar una escena en la biblioteca el mismo día que hubo un robo en el edificio.

-¿Y qué esperaban? ¡La atención es pésima por parte de esa bibliotecaria resabidilla!

-¿Qué ocurrió? -necesitaba saber María.

-Fui a por un libro, no dejó que me lo llevara, me enfadé y me marché. Fin.

-Lo que yo he oído es que perdió las formas... -insistió el agente.

-Y yo he oído que semanas después del robo aún no tiene ni idea de quién pudo ser -comentó con una sonrisa triunfal.

-Por lo que veo está al día de la investigación -le respondió sorprendido.

-Un amigo trabaja en la biblioteca y me ha contado un par de cosillas.

-¿Pedro Ladrón? -Nerea no pudo evitar hacer la pregunta.

-Sí -dijo cambiando de postura-. Oiga, estas sillas son muy incómodas.

Nerea y Nico se miraron instintivamente.

-¿Dónde pasó el resto del día? -trató de pillarla en un renuncio Nico.

-¿Aquel sábado? Repartiendo con la furgoneta. Y cuando acabé en el trabajo quedé con unos amigos.

-¿Con su amigo Pedro Ladrón? -volvió a la carga Nerea.

-Entre otros, sí. -Se removió de nuevo en la silla-. ¿Puedo irme ya? No tengo nada que aportar a su informe policial.

-Puede irse -la autorizó el inspector.

-¡Pero no salga del país! -le prohibió María porque le sonaba de las películas.

Aurora la miró con desdén y se fue dando un portazo.

-¿Por qué Pedro Ladrón ocultó en su declaración que eran amigos? -Nerea sospechó de ellos.

-Tal vez no supiera que la mujer pelirroja de la discusión fue Aurora. Él no estuvo presente cuando ocurrió, se lo contó Sofía más tarde -recordó el policía.

-Yo tampoco iría diciendo por ahí que una señora tan desagradable es mi amiga -reconoció María.

-En fin, creo que necesitamos un descanso -anunció el jefe consultando su reloj.

-¿Ahora? ¡Pero si estamos en lo más interesante! -protestó Nico.

El inspector estaba dudando entre continuar o parar para tomar un café cuando el siguiente testigo se adelantó y decidió por él. Sin llamar ni pedir permiso, un chico asustado entró corriendo en la sala de interrogatorios. Cerró bruscamente la puerta y se apoyó en ella para asegurarse de que nadie la abriera. Su respiración era entrecortada, como si huyera de algo terrible.

-¿Rita? -se extrañó el policía revisando las notas anteriores a la declaración de Aurora.

-No. Julián -contestó tomando asiento y tirando su mochila a un lado.

10. EJEMPLARES FAMILIARES

-A ver si lo he entendido bien... ¿Me estás diciendo que huyes de Rita? -quiso asegurarse el policía, que no salía de su asombro.

-Intento borrar nuestra historia de mi memoria. Digamos que Rita me limita -resumió Julián-. Al llegar la he visto entrar en el baño y me he colado aquí para evitar el daño.

El inspector no comprendía nada de lo que decía Julián, pero tampoco tenía ganas de profundizar en el asunto.

-En ese caso, adelantaremos tu declaración. Veamos…, aquí dice que el sábado del robo estuviste en la biblioteca y te llevaste el libro *Los mejores pareados del supermercado* -leyó-. Debe de haber un error en mis notas, supongo que se llamará *Los mejores empanados del supermercado*, ¿no?

-No, no hay ningún error. El título que tiene anotado es correcto. *Los mejores pareados del supermercado* -repitió para confirmarlo-. Es que soy poeta.

María estuvo tentada de preguntarle qué tipo de poesía podía escribir sobre el papel higiénico, pero prefirió no arriesgarse.

-Lo tengo aquí. Puedo leerle algún verso -se ofreció Julián.

Cogió su mochila y sacó el libro con tanto entusiasmo que, sin querer, tiró el otro ejemplar que guardaba dentro.

Nerea dio un respingo al leer el título del volumen que cayó al suelo: *Cartas de amor para Nerea.*

-¡No me lo puedo creer! -exclamó.

-Es un libro de poesía, ¡no seas tan creída! -se defendió Julián muerto de la vergüenza.

-No es eso -intervino Nico-. ¡Es uno de los libros robados!

-Alucino con el vecino. -María se quedó helada.

-Os dije que buscábamos a un poeta -se apuntó el tanto Nico.

-Es verdad que algunos de sus poemas son un delito, pero nunca imaginé que acabara siendo un delincuente -reflexionó Nerea decepcionada.

-¿Estáis locos? ¡Yo nunca he robado ni un coco! Queréis cargarme a mí con el mochuelo y dejar mi reputación por el suelo.

El inspector recogió el libro, comprobó que tenía el sello de la biblioteca en varias páginas y le pidió a Julián que le explicara cómo había llegado a su mochila.

-Me lo regaló mi abuelo por ayudarlo en su tienda con los sombreros. ¡Pero él es incapaz de robar ni un buñuelo! Es un abuelo modelo -lo alabó su nieto.

-No lo dudo. Pero necesito hablar con él para aclarar la situación. ¿Dónde puedo localizarlo?

-Está esperándome fuera. Insistió en acompañarme a pesar de su dolor de muelas.

El policía llamó a Martínez y le pidió que buscara por la comisaría al abuelo de Julián y lo hiciera pasar a la sala de interrogatorios.

Unos minutos después atravesaba la puerta de la habitación un anciano con caminar lento y las gafas a punto de caer nariz abajo.

-¡Bonita pandilla! -los saludó con voz temblorosa y afable mientras se sentaba con dificultad.

-Lamento hacerle declarar con dolor de muelas -se disculpó el agente ayudándolo con la silla.

-Sí, hijo, sí, la cadera. Llega una edad en la que todo te empieza a fallar.

-Es que no oye -le comentó discretamente María al jefe poniéndolo en antecedentes.

El inspector le mostró el ejemplar de *Cartas de amor para Nerea* y carraspeó para que su voz sonara alta y clara antes de formularle la pregunta.

-¿Le suena?

-¡Uy! ¡Qué va! Ya estoy mayor para ir de verbena.

-Abuelo, ¿dónde lo compraste? -le habló al oído Julián.

-No lo compré, lo elegí para ti entre los que trajo la tata al almacén de la sombrerería -le respondió con cariño el anciano-. Dijo que podía coger los que quisiera.

-¿Está reconociendo que tiene en su poder los libros robados? ¿Todos los ejemplares?

-Sí, sí, somos familiares. Es mi nieto -sonrió el sombrerero.

-E-jem-pla-res -repitió más despacio el policía.

-¿Populares? Mi Julianín sí. Tiene ya su público como poeta en el barrio -contó muy orgulloso.

-No se trata de hablarle más despacio, sino más alto -le explicó María al jefe, que empezaba a desesperarse.

-Está claro que su hermana le pidió que los escondiera -comentó Nico.

-¿Que si la banana viene de Baviera? Ni idea. -El abuelo de Julián se encogió de hombros.

-Tiene que venir a declarar a la comisaría. -Nerea no veía otra alternativa.

-¿A la frutería? ¿A estas horas? ¡Ah! A por las bananas, ¿no? -creyó encontrarle sentido por fin el anciano.

-Abuelo, quieren que la tata venga a comisaría para explicar de dónde sacó los libros -le dijo al oído Julián.

-¡Claro! Ahora mismo la llamo. Pero debe usted tener paciencia con ella -advirtió al agente-. La pobre está sorda como una tapia.

El inspector deseó con todas sus fuerzas que solo fuera una broma. Ordenó a Martínez que le consiguiera algo para el dolor de cabeza y que acompañara a Julián y a su abuelo a hacer la llamada telefónica.

-Que dos coches patrulla los lleven después a su sombrerería. Allí se encuentran los libros robados. Que fotografíen todos los ejemplares, los etiqueten y los traigan a comisaría.

-¡Ha resuelto el caso! -lo aplaudió Martínez.

-Aún tengo que descubrir por qué y cómo. Algo no cuadra aquí...

Mientras el jefe salía a la calle para estirar las piernas y despejar la mente, los chicos se entretuvieron teorizando sobre la causa del robo. ¿Sería la tata de Julián en realidad Aurora disfrazada? ¿O se habría compinchado con Pedro Ladrón en alguna concentración de motos? ¿Y si era la madre de Isidoro y robó los libros para que su hijo terminara antes de limpiar?

-Yo creo que ella trabaja en un mercado clandestino oriental -insistió Nico en su exótica teoría.

-¿Un asesino tradicional? -se asustó la anciana que entraba por la puerta con el inspector en ese momento-. ¿Aquí en comisaría?

El policía retiró la silla para que la tata de Julián tomara asiento y él hizo lo mismo al otro lado de la mesa junto a los niños.

-Vamos a ir directos al grano -anunció el agente con signos de fatiga-. ¿Por qué robó los libros?

-De equilibrio voy bien, gracias. Puede preguntarle a mi profesor de baile, ¡estoy hecha una chiquilla!

-¿POR QUÉ ROBÓ LOS LIBROS QUE ESCONDE EN LA SOMBRERERÍA? -gritó Nico para hacerse oír.

-¿¡Robar!? No te consiento que me llames delincuente, mozuelo -le recriminó señalándolo con el dedo-. ¡Yo soy una mujer decente! Me llevé esos libros porque me dieron permiso para hacerlo en la biblioteca. Tres días seguidos. Tres bibliotecarios distintos.

Habían barajado decenas de posibilidades; pero, desde luego, esa no había sido una de ellas. Cuantos más datos tenían, menos comprendían lo ocurrido. El inspector, dispuesto a aclararlo de una vez por todas, llamó a Martínez.

-Quiero aquí de vuelta a los bibliotecarios. Ahora. Organizaremos un careo.

-Sí, señor. Los traeré en menos que canta un gallo -prometió su subordinado.

-¿Qué es un careo? -María no había escuchado nunca esa palabra.

-Lo que hace el gallo, ¿no has oído a Martínez? -suspiró Nico desesperado por la falta de atención de su amiga.

-Lo que hace el gallo es un *cacareo* -se partió de la risa Nerea.

-El careo consiste en interrogar a varios testigos a la vez cuando hay contradicciones en sus declaraciones -les explicó el agente-. Se hace para descubrir quién miente en su versión de los hechos.

-¿Berberechos? ¿Van a poner algo de picoteo? No me entero de nada -se quejó la

anciana-. Si se puede elegir, yo prefiero un poco
de queso.

"Como buen ratón de biblioteca", pensó
Nerea.

11. ¿QUIÉN DIJO QUÉ?

-Hemos dejado a medias un chocolate con churros -comentó a modo de queja Sofía cuando regresó a la sala de interrogatorios.

-Un poco burros sí son, hija -le respondió la tata de Julián-. ¡Figúrate que creen que robé los libros!

-¡Ágata! -la reconoció Pedro Librero acercándose a darle dos besos.

El inspector lo miró sorprendido por aquellas confianzas.

-Trabajé con ella durante años en la biblioteca -le explicó-. Ama los libros por encima de todo.

-¡Y tanto! ¡Incluso por encima de la ley! Como que los robó para no compartirlos con nadie -observó María.

-¿Ágata? -Su antiguo compañero la miró con incredulidad-. No puedes hablar en serio.

-Claro que resolveremos el misterio. -La anciana le agarró el brazo con cariño.

-Ella afirma que le dieron permiso para llevarse los libros. Ustedes tres -los puso al día de la situación el policía.

-¡Eso es mentira! -se ofendió Sofía-. ¿Por qué íbamos a hacer eso? ¿No ve que no tiene sentido?

-Pues he dormido muy bien, gracias -le contestó Ágata.

Nerea se dio cuenta de que más de uno estaba a punto de perder la paciencia, así que lanzó su pregunta sin rodeos y a voces.

-¿PARA QUÉ QUERÍA LOS LIBROS?

-Para salvarlos, por supuesto. Iban a deshacerse de ellos.

-¿¡Pero qué dice!? -la increpó Pedro Ladrón.

-¿¡PERO QUÉ DICE!? -le tradujo María a la hermana del sombrerero.

-¡Anda! ¡Si tú fuiste el primero que me lo contó! Ese mismo jueves, cuando por tu culpa casi tropiezo con los volúmenes que estabas tirando en el suelo. Me acuerdo perfectamente.

-¡Esta señora está loca! -perdió las formas Pedro.

-¿Una foca? ¿Dónde? -La anciana se giró para mirar.

-¿Le preguntó por qué lo hacía? -Nerea le habló al oído como había visto hacer a Julián con su abuelo.

-¡Claro! ¿Cómo iba a saberlo yo si no? Me explicó que sacaba todos los ejemplares de aquella estantería para reciclarlos -rememoró.

-¡No, señora! Los estaba colocando en el suelo para volver a etiquetarlos. E-TI-QUE-TAR-LOS.

-¿Y eso por qué? -se interesó el policía.

-Habíamos descubierto errores en el tejuelado de varios volúmenes de la sección de literatura infantil y juvenil y decidimos que lo mejor era revisarlos todos -intervino Sofía.

-¿Hay libros con lentejuelas? ¡Qué chulo! -A Nico le hizo ilusión.

-Con lentejuelas no. Con *tejuelos* -lo corrigió Sofía-. El tejuelo es la etiqueta con letras y números que ponemos en el lomo de cada libro para identificarlo y localizarlo fácilmente. Digamos que cada ejemplar tiene su lugar dentro de la biblioteca y sabemos cuál es gracias al tejuelo.

-¡Yo no armé ningún revuelo! -protestó Ágata-. Me limité a preguntarle si podía llevarme esos libros a casa otro día.

-En eso tiene razón. ¡Ahora me acuerdo! -reconoció Pedro Ladrón-. Pero di por hecho que se refería a cogerlos en préstamo y le dije que sí, claro. ¡Yo qué iba a saber lo que tenía esta mujer en la cabeza!

-Lo raro es que ella asegura que obtuvo la autorización de los tres -recalcó las últimas palabras Nerea.

-¿SU AMIGO TAMBIÉN LE DIJO QUE SE LOS PODÍA LLEVAR? -voceó María señalando a Pedro Librero.

-También, también. Al día siguiente regresé a la biblioteca para concretar los detalles y, casualmente, Pedro tenía aquellos libros amontonados en su mesa. Le comenté que quería dejarlos en mi casa y él se asomó con una sonrisa detrás de la pantalla del ordenador y me respondió: "No hay problema, en cuanto vuelvan a su estantería puedes llevártelos". Eso dijo.

-Otro que no se enteró de lo que pretendía -opinó María-. ¡Vaya plan!

-¿Ahora un orangután? ¡Esto parece un zoo! -La anciana, que no daba crédito, echó un vistazo debajo de la mesa antes de retomar su historia-. El caso es que yo avisé a mi querido Pedro de que me pasaría a recogerlos el sábado por la tarde con mi profesor de baile. ¿A que sí, Pedro?

-Estaba concentrado revisando el tejuelado de los libros, por eso los tenía en la mesa. Sí te entendí algo de que habías quedado el sábado por la tarde con tu profesor de baile, pero creí que te referías a una cita y no presté mucha atención -reconoció apurado Pedro Librero-. No me van los cotilleos.

-No armamos ningún jaleo -lo tranquilizó su antigua compañera-. De la estantería a la furgoneta de mi profesor de baile y de la furgoneta a la sombrerería de mi hermano. Fue coser y cantar.

-Pues no sé yo cómo cantará esta mujer con el mal oído que tiene -susurró Nico al inspector, que no pudo evitar sonreír.

-¿Por qué no nos hablaron de que habían cambiado las etiquetas en todos los libros robados? -preguntó Nerea a Sofía-. Eso nos hubiera puesto sobre la pista de Ágata.

-Ella se llevó los libros de una de las estanterías: los que había visto colocar en el suelo a Pedro. Pero la revisión del etiquetado se hizo con todos los ejemplares de la sección de literatura infantil y juvenil, no solo con los desaparecidos -informó la bibliotecaria-. Por eso no había forma de relacionar los libros robados con el repaso de tejuelos.

-Elemental, querido Nacho -le dio la razón Nico.

-¿Qué muchacho? ¡Fue ella la que me dio el visto bueno definitivo al plan! -aseguró Ágata señalando a Sofía-. El mismo sábado por la mañana, cuando fui a devolver mis últimas lecturas.

-Usted y yo solo hablamos de los libros que

traía de vuelta. Me ofrecí a quedármelos y registrarlos más tarde y no quiso.

-¿Qué dice? -preguntó la anciana a María.

-QUE IBA A DEVOLVER UNOS LIBROS Y COMO NO PODÍA REGISTRÁRSELOS EN ESE MOMENTO USTED NO QUISO DEJARLOS ALLÍ.

-¡Uy! ¡Qué lianta! Lo que yo le recordé fue que volvía luego a por los libros y me dijo que como prefiriese. Insistí por si tenían que registrarlos y me confirmó que no hacía falta.

-¡Los libros que traía para devolver! -repitió Sofía-. Le dije que no hacía falta registrarlos porque los técnicos estaban arreglando los ordenadores.

-Eso comentaste, sí, que me llevaba los mejores.

-Se lo ha inventado todo. ¡Esta mujer es un peligro! -se desesperó Sofía.

-Claro que soy la de los libros. ¡Lo estoy diciendo hace rato!

-Lo mejor es que todos nos calmemos -pidió el policía temiendo que aquello se le fuera de las manos.

-Hay algo que todavía no encaja -analizó

Nerea-. ¿Cómo entró en la biblioteca esa tarde si estaba cerrada?

-¿Una salamandra moteada? Ya no caigo más en la broma. ¡Esta vez no miro!

-¿CÓMO ABRIÓ LA PUERTA? -le gritó María en el tono justo para que la escuchara.

-Con la llave con la que entré durante años en la biblioteca. Nunca tiro nada.

-¿NO LA DEVOLVIÓ CUANDO SE JUBILÓ? -sintió curiosidad María.

-No, nadie me la pidió -se justificó-. Para entonces ya se había instalado el cachivache horroroso ese de las tarjetas, que parece que estás entrando en un aeropuerto en lugar de en una biblioteca. ¡Y mira los problemas que da al final! Sin embargo, mi llave nunca me falló.

-¡Qué bonito que la guarde por nostalgia! -pensó Nerea en voz alta.

-¿Lumbalgia? ¡Uf! Hace años ya, sí. Pero he mejorado mucho con las clases de baile.

-¿Alguien más piensa que le regalan algo por dar publicidad a su profesor de baile? -se admiró María de su faceta comercial.

-Elemental, querido Sancho. -Nico le guiñó un ojo.

-Está bien, recapitulemos -intervino el inspector.

-¡Yo hago eso de los capítulos! ¡Yo hago eso de los capítulos! -lo interrumpió Nico.

Su cara reflejaba tanta ilusión que el agente no tuvo más remedio que acceder y Nico dio un paso al frente para resumir los acontecimientos.

-La única verdad verdadera es que nadie mentía. Ágata estaba convencida de que iban a reciclar los libros y de que tenía el permiso de los bibliotecarios para llevárselos a su casa. Y los bibliotecarios estaban seguros de que Ágata solo quería llevarse los ejemplares en préstamo como todo el mundo en la biblioteca. Así que todos son inocentes. La culpa aquí es del oído de

Ágata, del jaleo de los tejuelos y del caos que provocó el apagón. Ha sido un gran malentendido. Y nunca mejor dicho...

-Pues todo aclarado. ¡Caso cerrado! -concluyó aliviado el inspector dando carpetazo al asunto.

-¡Qué buena idea ir a tomar un helado! Porque al final no nos han puesto picoteo -comentó Ágata con cierto tono de reproche.

-¡Me apunto! -se animó Pedro Librero-. Así me cuentas qué tal la vida de jubilada.

-Bueno, pues una limonada si lo prefieres, yo invito. ¡Os invito a todos! -se ofreció generosamente la anciana poniéndose en pie-.

Así os despejáis, ¡que menudo lío habéis montado vosotros solitos con los libros!

Aunque todos estuvieron tentados de contestarle, a sabiendas de que no los iba a escuchar, se limitaron a sonreírle y a ayudarla a salir al pasillo. Los helados enfriarían los ánimos.

-¡Cómo duele! -se quejó Nico.

-¿El qué? -le preguntó María mientras salían de la sala de interrogatorios.

-Morderse la lengua. -Se la enseñó sintiéndola hinchada-. Ahora entiendo a mi madre cuando dice que cada vez le cuesta más hacerlo.

-¡Es una manera de hablar! ¡No hay que mordérsela de verdad! -le explicó entre risas Nerea.

-¿En serio? -se sintió engañado.

-Elemental, querido Nico. -Su amiga le guiñó un ojo.

-Bueno, a pesar de mi doloroso final, ha sido un gran caso -valoró muy satisfecho.

-Es que con Ágata nunca se termina el suspense -bromeó Nerea.

-¡Y que lo digas! Con ella todo es un misterio -reconoció Nico-. ¡Y es muy difícil acertijarlo!

Nerea se paró en seco. Ya había vivido ese momento en el pasado. Estaba segura.

-¡He tenido un *déjà vu*! -confesó.

-¿Qué es un *yateví*? -sintió curiosidad su amigo.

-Se llama *déjà vu* -repitió ella esforzándose con la pronunciación en francés-. Es como... Es cuando... sientes que lo que acaba de pasar ya había pasado antes.

-Yo no lo he sentido. -Se encogió de hombros un poco decepcionado por perderse la experiencia.

-Lo habrás leído en algún libro, pequeña -se entrometió Ágata en la conversación de forma inesperada.

Los chicos, que estaban seguros de que iban hablando en un tono más bien bajito, observaron a la anciana con incredulidad. Ágata les guiñó un ojo y siguió caminando junto a Pedro como si nada.

-¿Tú crees que...? -Nico no se atrevió a formular la pregunta.

Nerea lo miró fijamente, con el brillo en los ojos de los misterios difíciles de *acertijar*, y ambos sonrieron. Como se sonríe cuando lees la última página de un libro que te ha hecho feliz.

¿Te has divertido colaborando en la
investigación con Nerea y Nico?

¡Puedes contárselo aquí!

www.ingramcontent.com/pod-product-compliance
Lightning Source LLC
LaVergne TN
LVHW020746200726
843506LV00009B/903